Bibliografische Information der Deutschen Nationalbibliothek:

Die Deutsche Bibliothek verzeichnet diese Publikation in der Deutschen National-
bibliografie; detaillierte bibliografische Daten sind im Internet über http://dnb.d-
nb.de/ abrufbar.

Impressum:

Copyright © 2012 GRIN Verlag, Open Publishing GmbH
Druck und Bindung: Books on Demand GmbH, Norderstedt Germany
ISBN: 978-3-668-21611-2

Dieses Buch bei GRIN:

http://www.grin.com/de/e-book/322599/gelungene-soziale-integration-ethnische-
chinesen-in-thailand

Zora Bombach

Gelungene soziale Integration? Ethnische Chinesen in Thailand

GRIN Verlag

GRIN - Your knowledge has value

Der GRIN Verlag publiziert seit 1998 wissenschaftliche Arbeiten von Studenten, Hochschullehrern und anderen Akademikern als eBook und gedrucktes Buch. Die Verlagswebsite www.grin.com ist die ideale Plattform zur Veröffentlichung von Hausarbeiten, Abschlussarbeiten, wissenschaftlichen Aufsätzen, Dissertationen und Fachbüchern.

Besuchen Sie uns im Internet:

http://www.grin.com/

http://www.facebook.com/grincom

http://www.twitter.com/grin_com

Rheinische Friedrich-Wilhelms-Universität

Institut für Orient- und Asienwissenschaften

Gelungene soziale

Integration?

Ethnische Chinesen in Thailand

Hausarbeit

IT, Recherche und Präsentation: Wissenschaftliches Arbeiten in den
Asienwissenschaften

Geographien Südostasiens

Sommersemester 2012

10. Juli 2012

Zora Bombach

2. Fachsemester

Asienwissenschaften

Inhaltsverzeichnis

1. Einleitung

Das erste Mal, als mir die enge Verknüpfung zwischen chinesischer Kultur und Thailand auffiel, saß ich in einem Straßenrestaurant in Bangkok. Ich war gerade seit drei Tagen im „Land des Lächelns" und studierte die Jobangebote in der „Bangkok Post". Die englischsprachige Zeitung selbst hatte einige Stellen zu vergeben. Wer demnach als Redakteur für die renommierte Tageszeitung arbeiten wollte, musste nicht des Thai mächtig sein – sondern fließend Mandarin sprechen. Diese Eigenart des Stellenangebots ging mir nicht aus dem Kopf und ließ mich die Frage stellen, wieso der chinesischen Sprache hier eine so große Bedeutung beigemessen wird – noch dazu für einen Job, bei dem man nur englische Artikel verfasst.

Dieses Ereignis, das nun schon vier Jahre zurückliegt, führte mich auch zum Thema dieser Hausarbeit. Nach ersten Lektüren wurde mir das Ausmaß der chinesischen Diaspora in Thailand zunehmend bewusst. Bei allen Fragen, die mir hierbei begegneten, ließ mich vor allem die Eigenheit chinesischer Integration in Thailand nicht mehr los.

Anhand von Literaturrecherchen werde ich klären, inwieweit man die Integration ethnischer Chinesen in Thailand heute als erfolgreich ansehen kann. Dabei gilt es zunächst zu erörtern, was Integration bedeutet und was nach Meinung der hier ausgewählten Theorie der sozialen Integration nach Dieter FUCHS die entscheidenden Faktoren erfolgreicher aber auch gescheiterter Integration sind. Im zweiten Teil dieser Arbeit beschäftige ich mich mit der Migrationsgeschichte der ethnischen Chinesen in Siam und Thailand. Dabei wird eine allgemein gebräuchliche Unterteilung in drei Haupt-Perioden deutlich. Jede der drei Abschnitte zeichnet sich durch eine besondere thailändisch-chinesische Beziehung aus und macht die zeitliche Unterteilung einfach.

Im Hauptteil konzentriere ich mich auf den Stand der Integration ethnischer Chinesen im heutigen Thailand. Um Belege hierfür zu finden, ist es wichtig, verschiedenen Sichtweisen einzunehmen: Wie beurteilt die thailändische Regierung die Integration der Chinesen und wie sehen Thais diese Bevölkerungsgruppe? Was bedeutet es für Chinesen, „Thai" zu sein und wie beurteilen Forscher deren Integration?

Schließlich gilt es, eine Antwort auf die eingangs gestellte Frage zu finden: Ist die Integration ethnischer Chinesen in Thailand gelungen, ist diese Bevölkerungsgruppe also sozial integriert? Hier nehme ich vorweg, dass sich die untersuchte Bevölkerungsgruppe völlig neue Dimensionen eröffnet hat – Dimensionen die im wissenschaftlichen Diskurs vor mehr als 50 Jahren, der vor allem von der Assimilationstheorie G. William Skinners geprägt war, unvorstellbar waren.

2. Soziale Integration – Begriffsklärung

Um die Frage beantworten zu können, ob ethnische Chinesen in Thailand sozial integriert sind, stehen die Terminologie sowie die Festlegung von Faktoren, welche die soziale Integration definieren, am Anfang dieser Arbeit. Bei der Begriffsbestimmung von sozialer Integration oder auch Sozialintegration lohnt ein Blick in lexikalische Werke. Im Politiklexikon, das auch von der deutschen Bundeszentrale für politische Bildung zur Definition herangezogen wird, umfasst der Begriff Integration drei Dimensionen. Die für mich relevante Dimension bestimmt Integration als „politischsoziologische Bezeichnung für die gesellschaftliche und politische Eingliederung von Personen oder Bevölkerungsgruppen, die sich beispielsweise durch ihre ethnische Zugehörigkeit, Religion, Sprache etc. unterscheiden" (SCHUBERT / KLEIN 2011: 145).

Doch wie sieht diese Eingliederung konkret aus? Und worin werden Personen und Bevölkerungsgruppen eingegliedert? Zur Beantwortung dieser Frage dient mir die Definition, die der Sozialwissenschaftler Dieter FUCHS in seinem 1999 veröffentlichten Discussion Paper „Soziale Integration und politische Institutionen in modernen Gesellschaften" erarbeitet hat. Demnach ist das große Ganze, in welches es sich oder jemanden einzugliedern gilt, die *gesellschaftliche Gemeinschaft* (FUCHS 1999: 12).

FUCHS ignoriert bewusst die Integration einzelner Gruppen in die Gemeinschaft und konzentriert sich auf die Tatsache, dass Integration nur funktionieren kann, wenn alle Mitglieder einer Gesellschaft gleich sind (1999: 24). Er führt als wichtigsten Indikator dieser Gleichheit eine soziale Integration auf Basis von Rechtsnormen an und spricht von der sogenannten „Integration durch Verfassung". Da diese nicht automatisch die „Tolerierung der Anderen" voraussetzt – sondern nur legales Verhalten – ergänzt Fuchs seine Definition um „entsprechende Wertorientierungen", wozu er die „Anerkennung der Anderen in ihrer Andersartigkeit" zählt (1999: 29). Diesen Grundsatz und die sich daraus ableitende Solidarität, Toleranz und Akzeptanz von Andersartigkeit werde ich auch bei der Beantwortung der Hausarbeits-Fragestellung verfolgen. Andere Verständnisse von Integration kommen nicht zum Einsatz, da diese den Umfang dieser Arbeit sprengen würden.

Wie FUCHS gehe ich davon aus, dass Integration gelingen oder misslingen kann. (1999: 5). Den Erfolg von sozialer Integration kann man anhand verschiedener Faktoren messen. Was oder wer Integration positiv oder negativ beeinflusst, wird in den folgenden zwei Unterpunkten bestimmt.

2.1 Faktoren erfolgreicher sozialer Integration nach Fuchs

FUCHS kennt neben der Integration durch Verfassung, also dem verfassungskonformen Handeln aller Mitglieder einer Gesellschaft, noch weitere Faktoren, die zu einer erfolgreichen sozialen Integration beitragen. Dabei schlüsselt er insbesondere die Idee der „Anerkennung der Anderen in ihrer Andersartigkeit" (1999: 29) noch weiter auf. Wichtig für die Gleichheit einer gesellschaftlichen Gemeinschaft sind demnach die materielle und soziale Gleichheit all ihrer Mitglieder (FUCHS 1999: 15), Abwesenheit von Gewalt (FUCHS 1999: 7), Solidarität untereinander und das Anerkennen gleicher sozialer Werte (FUCHS 1999: 15), sowie Toleranz der bestehenden gesellschaftlichen Vielfalt (FUCHS 1999: 29).

2.2 Faktoren gescheiterter sozialer Integration nach Fuchs

Ungleichheit der gesellschaftlichen Gemeinschaft und somit gescheiterte soziale Integration definiert FUCHS anhand der äquivalenten Faktoren. Das Auftreten von Gewalt (1999: 7), illegales also verfassungswidriges Handeln (1999: 8), materielle und soziale Ungleichheit (1999: 15), Diskriminierung (1999: 15) sowie eine Fragmentierung sozialer Normen innerhalb der Gesellschaft (1999: 9) weisen auf ein Scheitern von sozialer Integration hin. Dabei wird deutlich, dass nicht allein der Staat durch den Entwurf der Verfassung, sondern die Mitglieder der Gesellschaft gleichermaßen dazu beitragen, soziale Integration zu ermöglichen bzw. zu erschweren.

Personen und Bevölkerungsgruppen werden also in die gesellschaftliche Gemeinschaft durch verfassungskonformes Handeln und die Einhaltung solidarischer Werte und sozialer Normen eingegliedert – dabei ist es wichtig, dass alle Mitglieder der gesellschaftlichen Gemeinschaft sich gleichermaßen nach diesen zwei Grundsätzen richten. Bevor ich jedoch das Vorhandensein der oben genannten Faktoren in Bezug auf die Chinesen in Thailand überprüfe, gilt es einen Blick auf deren Geschichte zu werfen.

3. Migrationsgeschichte der ethnischen Chinesen in Siam und Thailand

Die Anfänge der Chinesen als Migranten in Thailand liegen weit zurück: Nach jahrhundertelangen Völkerwanderungen in das Gebiet des heutigen Thailands und Vermischungen der Vorfahren der heutigen Chinesen mit südostasiatischen Völkern in diesem Raum, kam es ab 1782 zu einer ersten größeren Einwanderungswelle der Chinesen im einstigen Siam (WALWIPHA 1995: 44). Der damalige Herrscher, König Taksin, war selbst halb chinesischer, halb thailändischer Abstammung. Den früh nach Thailand eingewanderten Migranten folgte eine weitere große Einwanderungswelle zwischen 1918 und 1955, als das aufstrebende Königreich dringend Arbeitskräfte benötigte (WALWIPHA 1995: 44).

Die Migrationsgeschichte der Chinesen ist nicht nur geprägt von der tatsächlichen Anzahl ankommender Chinesen, sondern auch von den sich immer wieder ändernden thai-chinesischen Beziehungen. Ansil RAMSAY unterteilt die Geschichte dieses Konnexes in drei Abschnitte:

> In the first period, which extended up through the first decade of the twentieth century, there was no "Chinese Problem" because there was no Chineseness as this concept is currently understood. [...] The second period lasted from the reign of King Rama VI (1910-1925) into the 1970s and was marked by considerable official suspicion of Chinese and hostile policies toward them. The last period is marked by increased economic power of ethnic Chinese businesspeople, movements toward democratic politics, and political reconciliation and trade with China. (RAMSAY 2001: 57)

Der erste Abschnitt war geprägt von engen Verbindungen zwischen siamesischem Adel und chinesischen Händlern (RAMSAY 2001: 57), begünstigt durch das *moon nai* und *phrai* System (CHAN / TONG 2001: 3). Diese System unterteilte Mitglieder der Gesellschaft in zwei Klassen: die *moon nai* als Herren, die die Arbeiter kontrollierten, sowie die *phrai*, die sich einem der *moon nai* als dessen Leibeigene zu untergeben hatten (TEJAPIRA 2001: 52). Ethnizität spielte dabei keine Rolle (RAMSAY 2001: 58). Schlossen sich Chinesen also diesem System an, wurden sie zu einem Teil der thailändischen Gesellschaft und galten fortan nicht mehr als Fremde.

In der zweiten Periode wendete sich das Blatt. Anfang des 19. Jahrhunderts wurde die chinesisch-stämmige Bevölkerung mehr und mehr als Bedrohung für Thailand wahrgenommen. Gründe dafür waren die wirtschaftliche Macht der Chinesen und deren mögliche Politisierung (LAUNGARAMSRI 2003: 160; RAMSAY 2001: 59, 60-61). Diese galt als Gefahr für den sich entwickelnden Thai-Nationalismus (RIGG 2003: 100). Entscheidend für dessen Entstehung waren die Ideen zweier Männer: König Vajiravudh bzw. König Rama VI, der von 1910 bis 1925 an der Macht war und die Chinesen als Vampire bezeichnete (RAMSAY 2001: 59, 60-61), sowie Premierminister Feldmarschall Phibun Songkhram, der in der Zeit vor und nach dem zweiten Weltkrieg das Verständnis von „Thainess" prägte und einen gewissen Rassismus (TEJAPIRA 1992: 117) schürte. Aus den Ideen dieser beiden erwuchs schließlich eine „anti-chinese xenophobia" (RIGG 2003: 100), obwohl die Mehrheit der Thais die Chinesen in einem anderen Licht sahen als Phibun Songkhrams Regierung (RIGG 2003: 101). Die neu geschürte Angst vor den Chinesen hatte zur Folge, dass diese in der Öffentlichkeit ihre Identität und Herkunft leugneten, um sich thailändischer zu geben (RAMSAY 2001: 62; PONGSAPICH 2001: 99). Es wurde „unsafe" offensichtlich und öffentlich Chinese bzw. chinesischer Abstammung zu sein (RAMSAY 2001: 64).

Entgegen dieser offiziellen Politik war die thailändische Elite jedoch weiterhin auf die Chinesen als Geschäftspartner angewiesen und konnte nicht so einfach auf sie verzichten (RAMSAY 2001: 62). Aus dieser Abhängigkeit entwickelte sich die bis heute vorhandene, enge Verzahnung zwischen thailändischen Beamten und Militärs, also dem politischen Bereich, und der chinesischen Elite, chinesischen Bänkern und Wirtschaftsbossen, die den wirtschaftlichen Bereich widerspiegeln (CHAN / TONG 2001: 3; HILL 1998: 138-139; SKINNER 1958: 186-187; TEJAPIRA 2001: 53).

Der dritte Abschnitt thai-chinesischer Beziehung stellte abermals eine Kehrtwende dar. Nach der Phibun-Ära verbesserten sich die Beziehungen allmählich und in den 1980er Jahren wurde das Verständnis von „Thainess" liberalisiert. Es wurde wieder sicherer, öffentlich stolz auf sein chinesisches Erbe zu sein – auch weil das kommunistische China nicht mehr als Gefahr für Thailand wahrgenommen wurde (RAMSAY 2001: 64-65). Erstmals wagten sich auch Söhne chinesischer Einwanderer auf das politische Parkett (HILL 1998: 139) und die Wohltätigkeit reicher chinesischer Unternehmer und Familien führte dazu, „a positive image of the Chinese among local Thais" (PONGSAPICH 1995: 19) zu erzeugen.

Über die Jahrzehnte und Jahrhunderte hinweg beeinflusste rückblickend vor allem ein bestimmter Faktor der thailändischen Gesellschaft die Lage der Chinesen: die offizielle Politik (CHAN 1995: 4; CHAN / TONG 2001: 3). Wie genau die Integration der Chinesen heute von verschiedenen Standpunkten gesehen wird und welche Vorstellungen in jüngster Zeit maßgeblich für das Bild der Chinesen in Thailand sind, wird im folgenden Kapitel erörtert.

4. Integration ethnischer Chinesen heute

Die Anzahl der in Thailand lebenden ethnischen Chinesen lässt sich nur schwer bestimmen. Zu verschwommen sind die Grenzen, nach denen sich ein thailändischer Staatsbürger als Chinese einordnen ließe. Je nach Standpunkt kann jemand Chinese, Sino-Thai oder Thailänder sein. Jochen KLEINING geht in seinem Artikel über die Wirtschaftsmacht der chinesischen Diaspora von rund sechs Millionen Chinesen aus (2008: 2), Jonathan RIGG beziffert den Anteil der Chinesen auf rund zehn Prozent der Gesamtbevölkerung (2003: 98). Auf das Jahr 2011 bezogen, ergibt RIGGS Rechnungsweise eine Zahl von rund sieben Millionen ethnischer Chinesen im heutigen Thailand. Wichtiger als die Anzahl der Chinesen ist jedoch Ihre wirtschaftliche Macht (RIGG 2003: 98): „85 bis 90 Prozent aller Geschäftsanteile („business interests") (sic) thailändischer Unternehmen sollen laut einem Bericht der Universität Maryland in den Händen von Thais chinesischer Abstammung sein" (KLEINING 2008: 4). In neueren Quellen ist von einem „hohen Assimilationsgrad" (KLEINING 2008: 4) oder einer Assimilation phänomenalen Ausmaßes (PONSAPICH 1995: 25) die Rede. Andere Autoren formulieren vorsichtiger und sprechen nur von einem „gewissen" Ausmaß an Assimilierung (LAUNGARAMSRI 2003: 160). Klar scheint jedoch: „The overall historical trend has been one of integration" (RIGG 2003: 102). Um diese Integration besser in FUCHS' Definition einordnen zu können, gilt es, die Sichtweisen der thailändischen Regierung, die Meinung der Thai über die Chinesen sowie die Beurteilung und das Handeln der untersuchten Bevölkerungsgruppe selbst heranzuziehen.

4.1 Aus Sicht der thailändischen Regierung

Im Gegensatz zu den nationalistischen Strömungen Anfang des 20. Jahrhunderts geht die thailändische Regierung heute offiziell einen Weg der „bewussten Assimilationspolitik" (CHAN / TONG 1993: 150). Mit Blick auf den aufstrebenden Nachbarn China wurde das Bild der Chinesen weiter liberalisiert (CHAN / TONG 2001: 5). 1997 kam es zu einem politisch aufsehenerregenden Zwischenfall, bei dem der damalige Premierminister Chavalit Yongchayudh die ethnischen Chinesen aus Bangkoks wirtschaftlichem Establishment attackiert, ihnen gegenüber abschätzige Bemerkungen gemacht und später verharmlost hatte (RAMSAY 2001: 66; VATIKIOTIS 1997: 61). Bis auf wenige wissenschaftliche Bericht über dieses Ereignis gibt es keine detaillierten und aktuellen Untersuchungen über den tatsächlichen Umgang der thailändischen Regierung mit den chinesisch-stämmigen Thais.

Hinweise auf den Umgang mit Minoritäten und ethnischer Vielfalt im Allgemeinen finden sich jedoch in der neuen thailändischen Verfassung von 2007 und im neuesten National Economic and Social Development Plan, der regelmäßig vom Büro des thailändischen National Economic and Social Development Board (NESDB) herausgegeben wird.

4.1.1 Die thailändische Verfassung von 2007

In Absatz Vier und Fünf der Thailändischen Verfassung von 2007 sind die Gleichheit und Würde aller thailändischen Staatsbürger sowie generell aller Menschen festgeschrieben[1]. Im August 2007 wurde diese Verfassung bei einem Referendum mit einer einfachen Mehrheit von 58 Prozent der Stimmen von den Thailändern angenommen[2].

4.1.2 Der elfte National Economic and Social Development Plan

Die Zusammenfassung des aktuellsten National Economic and Social Development Plan gibt Hinweise auf zukünftige Vorgehensweisen der thailändischen Regierung. Das Dokument kritisiert das Verschwinden ethischer und moralischer Werte sowie die verstärkt auftretende Ungleichheit und Ungleichbehandlung in der Anwendung von regierungspolitischen Grundsätzen (NESDB 2012: iv, v). Als Folge führt es fehlenden sozialen Zusammenhalt und ein abnehmendes Nationalbewusstsein an (NESDB 2012: vi).

Was hat das jedoch mit den Chinesen als Bevölkerungsgruppe Thailands zu tun? Auch darauf findet sich eine Antwort in der Zusammenfassung: Die „greater cultural diversity of society" wird als Krise bezeichnet (NESDB 2012: iv), an einer anderen Stelle werden die Schwächung der „Thai values" und der Verfall von sozialen Traditionen angemahnt (NESDB 2012: vi). Die Stärkung von Nationalstolz, aber auch die Akzeptanz kultureller Heterogenität sollen dem entgegenwirken (NESDB 2012: xii - xiii). Für die Chinesen könnte das zwei völlig gegensätzliche Folgen haben: Entweder bedeutet es für sie, sich weiter an das anpassen zu müssen, was als „Thainess" verstanden wird. Oder aber es bedeutet für sie, sich ihrer Andersartigkeit offiziell stärker bewusst werden zu dürfen und als Teil der heterogenen Gesellschaft an-

---

[1] Asian Legal Information Institute (2007): *Constitution of the Kingdom of Thailand, B.E. 2550 (2007): Unofficial translation.* Asian Legal Information Institute.
http://www.asianlii.org/th/legis/const/2007/1.html#C03P02 (08.07.2012).
[2] Süddeutsche Zeitung, http://www.sueddeutsche.de/politik/thailand-neue-verfassung-angenommen-1.235753, 07.07.2012

erkannt und akzeptiert zu werden. Um zu verstehen, wie die Integration der Chinesen heutzutage in Thailand aussieht, darf nicht vergessen werden, dass historisch gesehen Regierung und Bevölkerung die thai-chinesischen Beziehungen unterschiedlich wahrnahmen (RIGG 2003: 101).

4.2 Aus Sicht der thailändischen Bevölkerung

Obwohl die Chinesen rückblickend laut WALWIPHA (1995: 51) „the most important 'others' for the Thai" waren, gibt es doch bis heute innerhalb der thailändischen Bevölkerung kein einheitliches Bild der Chinese in Thailand (WALWIPHA 1995: 47). Einzig die Verschiedenheit von Chinesen und sogenannten Sino-Thais im Vergleich zu den Thais und das Vorhandensein von genauen Vorstellungen, wie Chinesen zu sein haben, wird in der Literatur immer wieder deutlich (BASHAM 2001: 129; CHAN / TONG 1993: 158; CHAN / TONG 1995: 6; HILL 1998: 129, 130). So berichten CHAN und TONG von vorherrschenden ethnischen Stereotypen, „that equate Chineseness with business, the merchant class and wealth", welche die Chinesen von den Thais abgrenzen (1995: 6). Sechs Jahre später weist BASHAM auf eine ambivalentere Wahrnehmung hin: Obwohl „many individuals of predominantly Chinese ancestry would consider themselves as Thai in all context (and would be considered by most Thai as being Thai)" (2001: 129), werden Chinesen und Sino-Thais doch als von sich selbst kulturell verschieden von den Thais wahrgenommen (2001: 130).

Wenn man BASHAM und RAMSAY Glauben schenken mag, verursachen diese kulturellen Unterschiede keinerlei Konflikte zwischen ethnischen Chinesen und Thailändern (BASHAM 2001: 130; RAMSAY 2001: 66). Nicht nur das Ausbleiben echter Konflikte, auch die Anerkennung der „Chineseness" ist eine neuerliche Entwicklung: Letztere spiegelt sich auch in der Popularität der chinesischen Sprache als Wirtschaftssprache wieder (CHAN / TONG 2001: 5). Damit wird die Befürchtung HILLS entkräftet, Chinesen in Thailand könnten niemals die durchaus negativ besetzten und „schmähenden Assoziationen mit wirtschaftlicher Ausbeutung" hinter sich lassen (1998: 140; Übers. d. Verf.). RAMSAY liefert einen möglichen Grund für das Wiedererstarken der Chineseness:

> As long as the Thai economy was growing rapidly with dramatic increases in wages and reductions in poverty, there was no reason for ethnic Thais to feel resentment toward the new class of Thais of Chinese ethnic descent. (RAMSAY 2001: 66)

HILL spricht 1998 zudem vom „anti-Chinese sentiment implicit in public protests against rampant development of the Chiang Mai area" (1998: 140). Man kann diese Beobachtung nicht pauschal auf das gesamte Land und die heutige Situation anwenden – es fehlen vor allem zeitnahe Studien, die dies belegen könnten. Ein Blick auf die Integration aus Sicht der Chinesen und Sino-Thais soll helfen, hierbei einen differenzierteren Standpunkt einnehmen zu können.

4.3 Aus Sicht der Chinesen und Sino-Thais

Bei der Betrachtung der ethnischen Chinesen selbst gibt es Indizien für zwei unterschiedliche Realitäten: Einerseits bewahren sie sich eine eigene Identität und grenzen sich von den Thais ab (CHAN 1995: 10; CHAN / TONG 1993: 148-149, 153, 164; PONGSAPICH 1995: 25, 27; RAMSAY 2001: 51, 55; TONG 2010: 22;). Andererseits nehmen sie thailändische Werte an und sehen sich selbst als vollwertige thailändische Staatsbürger an (BASHAM 2001: 129; CHAN / TONG 1993: 153, 156, 164; PONGSAPICH 1995: 27; RAMSAY 2001: 65; TONG 2010: 22).

Die Chineseness wird oft als eine auf kulturelle Identität beschränkte Form von Selbstwahrnehmung umschrieben (PONGSAPICH 1995: 27; RAMSAY 2001: 55). Sichtbar wird dieses Bewahren in der Verehrung der Vorfahren (CHAN / TONG 1993: 164) oder aber bei den Bestattungen der Chinesen: „one manifestation of being Chinese is to die as a Chinese in public performances that speak most directly to a Chinese audience" (HILL 1998: 138). In anderen Quellen zeigt sich, wozu eine solche (Rück-) Besinnung auf kulturelle Traditionen von großem Nutzen sein kann: in der Wirtschaft (RAMSAY 2001: 67). „As cultural capital, a coherent sense of community and ethnic solidarity is good for business", bringen es CHAN und TONG auf den Punkt (2001: 4).

Die Übernahme einer thailändischen Identität folgt einer ähnlich pragmatischen Sichtweise. Die Nützlichkeit der thailändischen Sprache und die thailändische Erziehung als Quelle der „upward mobility" (CHAN / TONG 1993: 153) oder aber die Notwendigkeit, mit Thailands Eliten zusammenzuarbeiten, um wirtschaftlich erfolgreich zu sein (CHAN / TONG 1993: 156), führen dazu, dass die „meisten Chinesen in Thailand heutzutage thailändische Werte annehmen, Thailändisch sprechen, thailändische Schulen besuchen, sich thailändischen Verbänden anschließen und thailändische Feste feiern" (TONG 2010: 22; Übers. d. Verfassers). Trotz dieser ansonsten stark auf die eigenen Vorteile bedachten Thai-Orientierung, haben ethnische Chinesen auch eine thai-nationalistische Ader. Sie sehen sich als loyale thailändische Staatsbürger und würden jederzeit der thailändischen Flagge und Monarchie ihre Treue schwören (CHAN / TONG 1993: 164; PONGSAPICH 1995: 27; RAMSAY 2001: 65).

In den beiden oberen Abschnitten ist bereits der Trend zur Verschmelzung der beiden Identitäten erkennbar. Dieser zeigt sich stärker noch in den feierlichen Gebräuchen der Chinesen (CHAN / TONG 1993: 162; HILL 1998: 124). Beispielsweise üben sie zwar weiterhin chinesische religiöse Rituale aus, praktizieren aber ebenso

11

Rituale in thailändischen Wats; sie feiern nicht nur das chinesische Neujahr, sondern auch das thailändische Neujahrsfest (CHAN / TONG 1993: 161). Eine weiteres Indiz für das Verschmelzen der beiden Kulturen ist die Bilingualität vieler Chinesen (CHAN / TONG 1993: 151).

Neben dem Trend zur Verschmelzung sei ein zweiter, neuerer Trend erwähnt: Chinesisch und das Wiederentdecken der chinesischen Kultur mutieren zur Modeerscheinung: Sie sind neuerdings chic geworden, „fashionable" (KLEINING 2008: 8; RIGG 2003: 104). Eine ähnliche Wertschätzung erfährt das Chinesische außerdem seitens der Thais: immer mehr von ihnen lernen aus wirtschaftlichen Gründen Chinesisch und besuchen chinesische Schulen (CHAN / TONG 2001: 5).

5. Fuchs' Definition und der Integrationsstand der Chinesen

In diesem Punkt finden nun die zuvor aufgeschlüsselte Definition der sozialen Integration nach FUCHS und das Bild der Chinesen in Thailand zueinander. Denn obwohl es als allgemein bekannt gilt, dass Thailand einen größeren Erfolg bei der sozialen Integration der Chinesen hatte als andere südostasiatische Länder (RAMSAY 2001: 51), muss die Frage unabhängig von der Situation in diesen anderen Nationen und mit Fokus auf die anfangs erörterte Grundlage beantwortet werden.

Die soziale Gleichheit durch Rechtsnormen, also die Integration durch Verfassung, ist FUCHS' fundamentalste Voraussetzung für soziale Integration. Nach der thailändischen Verfassung sind alle thailändischen Staatsbürger, weiter gefasst sogar alle Menschen, gleich. Durch die Anerkennung der Verfassung seitens der thailändischen Wähler unterstützen diese die Verfassung zumindest formal (vgl. 4.1.1). Zum Ausdruck muss dies in der „Anerkennung der Anderen in ihrer Andersartigkeit" kommen, die wiederum das Bewusstsein der konkreten „Identität" des anderen voraussetzt (FUCHS 1999: 28). Die Chinesen ebenso wie die Thais sind sich dieser Andersartigkeit durchaus bewusst (vgl. 4.2 sowie 4.3). Allein der Regierung scheint die Unterscheidung und Anerkennung dieser pluralistischen Identitäten Schwierigkeiten zu bereiten (NESDB 2012: iv, xii – xiii; vgl. 4.1.2). Zusammenfassend kann man hier feststellen, dass die Toleranz der bestehenden gesellschaftlichen Vielfalt (FUCHS 1999: 29) seitens der Bevölkerung gegeben ist.

Die Gleichheit materieller Natur lässt sich schon schwerer ermitteln. Zumindest in der Wahrnehmung der Thais gelten die Chinesen oft als wohlhabender – dieses Vorurteil hat sich aber schon in anderen südostasiatischen Ländern nicht bewahrheitet. BASHAM hält Letzterem entgegen, dass sich ein Großteil von Thailands Vermögen im Besitz von Menschen mit „chinesischem Hintergrund" befände (2001: 129-130). Betrachtet man also allein das finanzielle Gefälle von Chinesen zu Thais in der thailändischen Gesellschaft, kann von Gleichheit materieller Natur nicht die Rede sein.

Soziale Ungleichheit, die von den Mitgliedern einer Gesellschaft nicht als illegitim erachtet wird, kann laut FUCHS nicht als Desintegrationsgrund gelten (1999: 17). Soziale Gleichheit bedeutet also im Umkehrschluss, dass es in der Gesellschaft nicht zu „sozialen Eruptionen" (FUCHS 1999: 17) kommt. In der Geschichte Thailands und den thaichinesischen Beziehungen war dies zwar immer wieder der Fall (HILL 1998: 140), doch lässt sich in den letzten zehn Jahren nichts vergleichbares in der Literatur finden. Folglich lässt sich auch die Abwesenheit von Gewalt (FUCHS 1999: 7), beschränkt auf die vergangenen zehn Jahre und thai-chinesische Auseinandersetzungen, als gegeben annehmen.

Solidarität untereinander und das Anerkennen gleicher sozialer Werte (FUCHS 1999: 15) kann man nur bedingt als vorhanden voraussetzen: Ethnische Chinesen in Thailand haben zwar einerseits thailändische Werte übernommen (TONG 2010: 22) und das positive Image der Chinesen innerhalb der Thai-Gemeinschaft zeichnete sich noch 1995 durch Wohltätigkeit chinesischer Verbände aus (PONGSAPICH 1995: 19). Doch pflegen die Chinesen auch weiterhin ihre eigenen sozialen Werte. Als Beispiel seien hier die viel diskutierten *guanxi* zu erwähnen (RAMSAY 2001: 55).

Es gibt im Thailand des 21. Jahrhunderts zum einen Hinweise auf eine gelungene soziale Integration, zum anderen Indizien für das Scheitern der sozialen Integration der ethnischen Chinesen in Thailand. CHAN und TONG sprechen hier auch von „seeming assimilation" (2001: 3) und finden heraus:

> [...] the strategies adopted by the Chinese in changing periods of Thai economic and political imperatives show the Chinese having to be highly adaptable in order to survive economically as well as socially as a minority group. (CHAN / TONG 2001: 3)

Sie sprechen in diesem Zusammenhang auch von einer Hybrid-Identität sowie einer von Thainess und Chineseness geteilten „third identity" (2001: 7).

6. Schlussfolgerung und Ausblick auf mögliche Entwicklungen

Historisch hat sich die Situation der Chinesen in Thailand sowie ihre Wahrnehmung seitens Regierung und der thailändischen Bevölkerung durchgehend verändert. Erst durch das *moon nai* und *phrai* System unterschiedslos ein Teil des Vielvölker-Königreiches Siam (CHAN / TONG 2001: 3 ; PRASERTKUL 1989: 269; RAMSAY 2001: 58; SKINNER 1957: 11; TEJAPIRA 2001: 52), galten die Chinesen zur Zeit des thailändischen Nationalismus als Gefahr für eben diesen (LAUNGARAMSRI 2003: 160, 161; PONGSAPICH 1995: 19; RAMSAY 2001: 59, 60-61; RIGG 2003: 100). Durch die Liberalisierung der Thainess, einen generellen wirtschaftlichen Aufschwung und den wirtschaftlichen Erfolg speziell der Chinesen entschärfte sich diese Situation bis heute immer weiter (HILL 1998: 139; PONGSAPICH 1995: 13, 19; RAMSAY 2001: 57, 64). Es gab zwar in den 1990er Jahren Zwischenfälle, die auf eine andere Entwicklung hindeuteten (HILL 1998: 140; RAMSAY 2001: 66; VATIKIOTIS 1997, 67), generell lässt sich aber eine Offenheit und Toleranz gegenüber den chinesisch-stämmigen Thais im heutigen Thailand feststellen; eine Offenheit, die vor allem von Seiten der Bevölkerung (CHAN / TONG 2001: 5; BASHAM 2001: 130; RAMSAY 2001: 66) – vorhandenen Vorurteilen zum Trotz (CHAN / TONG 1993: 158) – und weniger von der Regierung praktiziert wird (NESDB 2012: iv, v). Die Hoffnung auf wirtschaftlichen Erfolg durch Zusammenarbeit mit China hatte Ende des 20. Jahrhunderts noch dazu geführt, dass die thailändische Regierung ihren Kurs angeglichen und liberalisiert hatte (CHAN / TONG 2001: 5).

All diesen sich ändernden Bedingungen zum Trotz stehen die Chinesen in Thailand für eine neue Art von Identität: Sie haben den Übergang von der „ethnischen Minderheit" zu einer „einflussreichen ethnischen Gruppe" vollzogen und bieten Raum für die Entwicklung einer eigenen Identität, die weder typisch chinesisch noch typisch thailändisch ist (CHAN / TONG 1993: 164; PONGSAPICH 1995: 24, 26, 27; WALWIPHA 1995: 46). Im Blick auf die Geschichte lassen sich bereits Anzeichen dafür finden, wie CHAN und TONG betonen:

> [...] the strategies adopted by the Chinese in changing periods of Thai economic and political imperatives show the Chinese having to be highly adaptable in order to survive economically as well as socially as a minority group. (CHAN / TONG 2001: 3)

Dies führte zum Entstehen der oben genannten Hybrid-Identität und wird auch als „staging" bezeichnet (CHAN / TONG 2001: 7). Dabei nimmt ein Mensch je nach Situation eine ethnisch andere Identität an, entwickelt quasi mehrere Persönlichkeiten, die er wie eine Maske nach Belieben und Notwendigkeit einsetzen kann. CHAN deutet an, dass die Schaffung dieser dritten Identität die einzig mögliche Lösung für Thailand sein kann. Assimilation, also zu Thais werdende Chinesen, sei weder im Interesse der thai-

14

ländischen Bevölkerung noch in der der ethnischen Chinesen: „In practice and perception, Chineseness has become a commodity for exchange" (1995: 6). Aus Sicht der in dieser Arbeit zitierten Autoren und nach den durch Fuchs definierten Gesichtspunkten sind ethnische Chinesen in Thailand also nicht uneingeschränkt sozial integriert.

Die Theorie der Assimilation lässt sich auf die Chinesen nicht anwenden. Sie haben sich vielmehr eine eigene Nische geschaffen, durch Vermischung, Anpassung und „staging". Faktoren, die dies beeinflussen, finden sich unter anderem in der Internationalisierung (RIGG 2003: 105). Die chinesische Identität kommt nicht mehr nur auf einer Bühne zum Einsatz. Sie wird nicht mehr nur aus einer lokalen Sichtweise betrachtet, sondern wird zu einem globalen Phänomen (CHAN / TONG 2001: 7; CHAN 1995: 7, 8, 10; HILL 1998: 129). Ein einflussreicher Faktor scheinen hier die *guanxi* zu sein (HILL 1998: 144). Wie die *guanxi* konkret die soziale Integration der ethnischen Chinesen im heutigen Thailand beeinflussen, bietet Raum für zukünftige kritische wissenschaftliche Untersuchungen.

7. Literaturverzeichnis

BASHAM, Richard (2001): Ethnicity and World View in Bangkok. In: CHAN Kwok Bun / Chee Kiong TONG (Hg.): *Alternate Identities: The Chinese of Contemporary Thailand*. Singapur: Times Academic Press, S. 107–136.

CHAN, Kwok Bun (1995): Modelling Culture Contact and Chinese Ethnicity in Thailand. In: *Southeast Asian Journal of Social Science* 23, 1, S. 1–12.

CHAN, Kwok Bun / Chee Kiong TONG (1993): Rethinking Assimilation and Ethnicity: The Chinese in Thailand. In: *International Migration Review* 27, 1, S. 140–168.

CHAN, Kwok Bun / Chee Kiong TONG (2001): Einleitung. In: CHAN Kwok Bun / Chee Kiong TONG (Hg.): *Alternate Identities: The Chinese of Contemporary Thailand*. Singapur: Times Academic Press, S. 1–8.

FUCHS, Dieter (1999): Soziale Integration und politische Institutionen in modernen Gesellschaften. *Wissenschaftszentrum Berlin*. http://bibliothek.wz-berlin.de/pdf/1999/iii99-203.pdf (08.06.2012).

HILL, Ann Maxwell (1998): *Merchants and Migrants: Ethnicity and Trade among Yunnanese Chinese in Southeast-Asia*. New Haven: Yale University Southeast Asia Studies (= Monograph series (Yale University. Southeast Asia Studies); 47).

KLEINING, Jochen (2008): Wirtschaftsmacht in der Diaspora? Überseechinesen zwischen Diskriminierung und ökonomischem Erfolg. *Konrad-Adenauer Stiftung*. www.kas.de/china/de/publications/13049 (01.05.2012).

LAUNGARAMSRI, Pinkaew (2003): Ethnicity and the politics of ethnic classification in Thailand. In: MACKERRAS, Colin (Hg.): *Ethnicity in Asia*. New York: Routledge Curzon, S. 157–173.

OFFICE OF THE NATIONAL ECONOMIC AND SOCIAL DEVELOPMENT BOARD (NESDB) (Hg.) (2012): *Summary of the Eleventh National Economic and Social Development Plan (2012-2016)*. Bangkok: Office of the National Economic and Social Development Board.

PONGSAPICH, Amara (1995): Chinese Settlers and Their Role in Modern Thailand. In: *Southeast Asian Journal of Social Science* 23, 1, S. 13–28.

PONGSAPICH, Amara (2001): Chinese Settlers and their Role in Modern Thailand. In: CHAN Kwok Bun / Chee Kiong TONG (Hg.): *Alternate Identities: The Chinese of Contemporary Thailand*. Singapur: Times Academic Press, S. 85–106.

PRASERTKUL, Seksan (1989): *Transformation of the Thai state and economic change, 1855-1945*. Dissertation. New York: Cornell University.

RAMSAY, Ansil (2001): The Chinese in Thailand: Ethnicity, Power, and Cultural Opportunity Structures. In: CORNWELL, Grant H. / Eve Walsh STODDARD (Hg.): *Global multiculturalism: comparative perspectives on ethnicity, race, and nation*. Oxford: Rowman & Littlefield Publishers, S. 51–71.

RIGG, Jonathan (2003): Exclusion and Embeddedness: The Chinese in Thailand and Vietnam. In: MA, Laurence J. C. / Carolyn CARTIER (Hg.): *The Chinese diaspora: space, place, mobility, and identity.* Oxford: Rowman & Littlefield Publishers, S. 97–115.

SCHUBERT, Klaus / Martina KLEIN (2006): *Das Politiklexikon: Begriffe, Fakten, Zusammenhänge.* Bonn: Dietz (4. Aufl., Erstauflage 1997).

SKINNER, G. William (1958): Leadership and power in the Chinese community of Thailand. Ithaka: Cornell University Press.

TEJAPIRA, Kasian (1992): Pigtail: A Pre-History of Chineseness in Siam. In: *Sojourn 7,* 1, S. 95–122.

TONG, Chee Kiong (2010): *Identity and Ethnic Relations in Southeast Asia: Racializing Chineseness.* Dordrecht, Heidelberg, London, New York: Springer.

VATIKIOTIS, Michael (1997): Speaking Up. In: *Far Eastern Economic Review,* Oktober 16, S. 67.

WALWIPHA, Burusratanaphand (1995): Chinese Identity in Thailand. In: *Southeast Asian Journal of Social Science* 23, 1, S. 43–56.

CPSIA information can be obtained
at www.ICGtesting.com
Printed in the USA
BVHW031023230919
559147BV00013B/1183/P

9 783668 216112